AF573494

VENTE D'UN RICHE MOBILIER

COMÉDIE-VAUDEVILLE EN UN ACTE,

PAR

MM. SIRAUDIN ET DELACOUR

Représentée pour la première fois, à Paris, sur le théâtre du PALAIS-ROYAL, le 5 novembre 1857.

PARIS
MICHEL LÉVY FRÈRES, LIBRAIRES-ÉDITEURS
RUE VIVIENNE, 2 bis

1857

Distribution de la Pièce.

GASTON DE ROUVRÉ.............	M. ÉMILE DARMY.
MATHILDE, sa femme.............	Mlle LAURENCE.
GERNOUILLET	MM. GRASSOT.
SAINT-AUBIN	LERICHE.
ARMANDE.........................	Mlles DUVERGER.
LILI	DAUDOIRD.
JOSÉPHINE.......................	CÉCILE.

La scène se passe à Paris, de nos jours, chez Armande.

VENTE D'UN RICHE MOBILIER

Un salon richement meublé : au fond, une cheminée avec glace sans tain, portes à droite et à gauche de la cheminée; portes à droite et à gauche, deuxième plan; un guéridon au milieu du théâtre chargé de plusieurs objets de fantaisie; à gauche, premier plan, un fauteuil; à droite, premier plan, une causeuse; meubles de toute espèce, étagères, fauteuils, etc.

SCÈNE PREMIÈRE.

JOSÉPHINE, ARMANDE.

JOSÉPHINE, une affiche à la main, près de la porte de gauche.

Là... encore cette affiche ici... (Elle l'attache à un rideau de portière de gauche.) Je crois qu'il y en a assez... deux à la porte d'en bas... quatre dans l'escalier... et une à la porte d'entrée... et ça se lit de loin... (Lisant.) « Vente d'un riche mobilier... appar-« tenant à mademoiselle Armande... artiste dramatique... »

ARMANDE, entrant par la droite *.

Joséphine!..

JOSÉPHINE.

Madame?

ARMANDE.

Les salons sont-ils ouverts?

JOSÉPHINE.

Oui, Madame.

ARMANDE.

Et commence-t-on à arriver?

JOSÉPHINE.

Oh! pas encore.

ARMANDE.

Il est pourtant midi... et l'affiche indique...

JOSÉPHINE.

Ça ne fait rien, Madame **... on sait bien que ces ventes-là ne commencent jamais avant une heure et demie... quelquefois même deux heures.

ARMANDE, s'asseyant.

C'est drôle... me séparer ainsi de mes meubles... cela me fait un singulier effet.

* A. J.
** J. A.

JOSÉPHINE.

Oh!.. pourquoi?.. D'abord, Madame ne les vend pas tous.

ARMANDE.

Heureusement.

JOSÉPHINE.

Elle garde les plus beaux... Et puis, j'ai l'idée que Madame fera une excellente affaire...

ARMANDE.

Tu crois que ça se vendra bien?..

JOSÉPHINE.

Oh! très-bien... L'exposition a été magnifique hier. Il y avait un monde!.. Je me suis faufilée... et j'ai vu tous les amis de Madame...

ARMANDE.

Ah!..

JOSÉPHINE.

Les trois salons étaient pleins... On s'arrachait les catalogues... on prenait des notes... et c'est très-bon signe.

ARMANDE.

Vraiment?

JOSÉPHINE.

Oh! je m'y connais!.. Avant d'être au service de Madame, j'étais chez une écuyère de l'Hippodrome, qui vendait son mobilier tous les six mois...

ARMANDE, riant.

Tous les six mois!.. Juste le temps de s'en faire donner un autre.

JOSÉPHINE.

Précisément!.. Oh! une petite femme très-forte... Seulement la dernière vente, ce n'est pas elle qui l'a faite... c'est...

ARMANDE.

C'est son propriétaire?..

JOSÉPHINE.

Oui, Madame... Vente par autorité de justice... et pour cause de départ... de son homme d'affaires...

SCÈNE II.

LES MÊMES, LILI, puis UN COMMISSIONNAIRE.

LILI, entrant par le fond, à droite, tenant une potiche dans ses bras *.

Ne vous dérangez pas... c'est moi...

JOSÉPHINE.

Tiens, mam'zelle Lili!.. (Elle remonte.)

LILI, à Armande qui se lève.

Bonjour, bonne petite... ça va bien... merci... (A un commissionnaire.) Par ici, brave homme... par ici... (Le commissionnaire entre,

* J. A L.

portant sur ses crochets deux ou trois petits meubles, et tenant à la main des coffrets, une chaufferette.)

ARMANDE.

Ah! mon Dieu!.. quel attirail!..

LILI.

Je vais tout t'expliquer... Joséphine!..

JOSÉPHINE.

Mademoiselle?..

LILI.

Conduis le commissionnaire... qu'il dépose tout ça dans le salon... Ah! place toi-même cette potiche sur la grande étagère... entre les deux vases de Sèvres... Prends bien garde de la casser.

ARMANDE.

Mais que signifie?..

LILI.

Allez!.. (Joséphiue et le commissionnaire entrent à gauche *.) C'est un service que je viens te demander... Je suis un peu gênée en ce moment...

ARMANDE.

Gênée?..

LILI.

Oh!.. gênée... dans mon appartement... j'ai trop de meubles chez moi... J'ai donc distrait de mon volumineux mobilier un guéridon, une potiche... une chauffeuse... que je ne savais où placer... et je viens te prier de joindre tout cela à ta vente...

ARMANDE.

Volontiers... mais avoue-moi que c'est parce que tu as besoin d'argent.

LILI.

Eh bien!.. oui... la... J'ai eu affaire à des voleurs de grand chemin.

ARMANDE.

Des voleurs?..

LILI.

Des voleurs... ou des valeurs... Bref, j'ai bu un bouillon... et je fais flèche de tout bois : bois de rose, bois d'acajou... et comme je crois qu'aujourd'hui tout se vendra fort cher, je ne serais pas fâchée d'en profiter un peu... pour me débarrasser de quelques bibelots.

ARMANDE.

Comme il te plaira... Mais j'y songe... c'est Gernouillet qui t'a donné tout cela?

LILI.

Oh! pas tout... la potiche seulement... il me l'a achetée à la vente d'Henriette... deux cent quarante francs et les frais.

* A. L.

ARMANDE.

S'il allait la reconnaître?..

LILI.

Bah! il est myope... D'ailleurs, mon Cromwell n'est pas bien redoutable.

ARMANDE.

Cromwell?.. pourquoi l'appelles-tu Cromwell?..

LILI.

Je ne sais pas... c'est un mot qui vient de l'anglais... Cromwell ou protecteur, ça veut dire la même chose.

ARMANDE.

Tu connais donc l'anglais?..

LILI.

J'en connais un... qui m'a dit ça...

JOSÉPHINE, rentrant, à Lili.

Mademoiselle, le commissionnaire demande s'il y a un pourboire...

LILI.

Ah! tout est-il en place*?..

JOSÉPHINE.

Oui, Mademoiselle.

LILI.

Je vais donner un coup d'œil... et je reviens... (Elle entre à gauche.)

JOSÉPHINE, à Armande**.

Madame, voici une carte qu'un monsieur m'a chargé de vous remettre.

ARMANDE, lisant.

Le comte... Gaston de Rouvré... (Vivement.) Où est ce monsieur?..

JOSÉPHINE.

Dans le petit salon vert...

ARMANDE.

Fais-le entrer bien vite... et laisse-nous.

JOSÉPHINE.

Oui, Madame. (Elle entre à gauche.)

SCÈNE III.

ARMANDE, GASTON***.

ARMANDE.

Gaston, à Paris!.. lui que je n'ai pas vu depuis trois ans!..

GASTON, entrant par la gauche.

Armande!

* L. J. A.
** J. A.
*** G. A.

ARMANDE.

Comment, monsieur le comte, vous ici!.. chez moi!..

GASTON.

Je ne suis à Paris que depuis quelques jours, ma chère Armande... J'arrive d'Italie, d'Allemagne, et...

ARMANDE.

Oh! ne vous justifiez pas, monsieur le comte... vous n'en avez pas besoin.

GASTON.

Qu'ai-je appris!... vous quittez donc Paris?

ARMANDE, *étonnée.*

Moi?.. pas du tout.

GASTON.

Ah!... vous déménagez peut-être?

ARMANDE.

Pas davantage.

GASTON.

Alors... vous n'êtes donc pas heureuse?

ARMANDE.

Heureuse... je le suis autant qu'on peut l'être... Si trois années d'absence ne vous avaient pas rendu étranger à tout ce qui se passe à Paris, vous sauriez que ma vie n'a jamais été plus belle... que mes succès n'ont jamais été plus grands.

GASTON.

Je le sais... Les journaux m'ont appris vos triomphes... et, croyez-le, je m'en réjouissais, j'y applaudissais de loin...

ARMANDE.

Monsieur le comte est trop bon.

GASTON.

Mais alors, pourquoi cette vente dont l'annonce m'a tant étonné?.. Je déjeunais ce matin à Tortoni... par hasard... je parcourais un journal... je ne sais lequel... le *Figaro*, je crois... Mes yeux s'arrêtent sur les Échos de Paris... on y parlait de vous... de votre mobilier... dont la vente, disait-on, doit commencer aujourd'hui même... Cette lecture me fit mal... « Armande, me dis-je, a donc oublié qu'il lui reste un ami... un ami sincère!... » et je suis accouru...

ARMANDE.

Je vous remercie, monsieur le comte... mais rassurez-vous... cette vente ne doit pas vous effrayer.

GASTON.

En vérité?

ARMANDE.

Décidément, vous n'êtes plus de ce monde... du monde de Paris, du moins.., vous n'en connaissez ni les nouvelles idées, ni les nouveaux usages... sans cela, vous sauriez qu'aujourd'hui une actrice vend ses meubles, non plus par besoin, mais par calcul... tranchons le mot... par spéculation.

GASTON.

Par spéculation ?

ARMANDE.

Parfaitement... Je ne vous parle pas de celles qui se croient obligées de changer de mobilier à chaque nouvel amour, et qui, pour cela, réussissent à persuader à l'objet aimé qu'il ne saurait être heureux sous des tentures qu'il n'a pas payées... Pure comédie, que je me déclare incapable de jouer !.. Mais il en est d'autres, et je suis de ce nombre, qui, au milieu des enivrements et des triomphes du théâtre, laissent accumuler autour d'elles tout ce que le luxe, l'amour, la fantaisie peuvent découvrir de riche, d'élégant... leurs boudoirs sont de vrais bazards... leurs salons rivalisent avec les magasins de Tahan, de Denière ou de Monbro.... coffrets, bronzes, porcelaines, on en rencontre partout...

GASTON, regardant autour de lui.

C'est vrai...

ARMANDE.

Ce sont d'abord autant de souvenirs... A chacun d'eux se rattache une pensée heureuse... C'est une nuit de bal... un succès au théâtre... un anniversaire... un serment de fidélité... On rêve en les regardant... on jure de ne jamais s'en séparer... quelques années après, ce ne sont plus que de petits meubles... qu'on estime à leur valeur réelle... un coffret vaut deux cents francs... un bronze, cinq cents... une garniture de cheminée, deux mille... On réfléchit à ce capital qui sommeille autour de vous... on songe à la rente... Bref, un jour, profitant de la vogue qui s'attache à votre nom et que la célébrité du théâtre vous a faite, on livre aux enchères tous les secrets de sa vie passée... on efface en un instant toute l'histoire de son cœur.

Air *de Lauzun*.

Alors, ces meubles, ces bijoux,
Objets furtifs d'une flamme secrète,
Gages de sentiments bien doux,
Nous les vendons... on les achète.
Au souvenir en vain on fait appel :
Du cœur la mémoire est absente,
Et ces contrats d'un amour éternel
Se changent en contrats de rente !

GASTON.

Je suis heureux, ma chère Armande, de voir que le motif de cette vente n'est pas aussi triste que je le craignais d'abord... mais il me semble qu'il doit y avoir pour vous quelque chose de pénible à vous séparer ainsi...

ARMANDE.

Pourquoi donc?... J'ai collectionné des coffrets, des bronzes, des vases... mes collections sont complètes... je les revends...

ça se fait tous les jours... Ce sont des fonds que je déplace... c'est un capital que je réalise... pour le faire valoir... voilà tout!

GASTON.

Ah!

ARMANDE.

Songez donc qu'en reports, je peux lui faire rendre douze à quinze pour cent!..

GASTON.

En reports!... Vous connaissez la Bourse?...

ARMANDE.

Oh! parfaitement!... je reçois la Côte... et le Journal des chemins de fer... mais maintenant que vous voilà rassuré, ne parlons plus de moi... (Ils s'asseyent sur le divan, à droite.) Que faites-vous?... qu'êtes-vous devenu depuis trois ans?...

GASTON.

J'ai presque toujours voyagé... Ma femme adore les voyages.

ARMANDE.

Ah! votre femme...

GASTON.

Car je suis marié...

ARMANDE.

Oui, grâce à moi.

GASTON.

C'est vrai... il ne dépendait que de vous...

ARMANDE.

Étiez-vous fou?.. « Dis un mot, m'écriviez-vous... et dussé-je rompre avec ma famille entière... » Heureusement je refusais de vous répondre.

GASTON, s'animant.

J'étais furieux, désespéré... Ah! tu fus bien cruelle!..

ARMANDE.

Vous me tutoyez, monsieur le comte?

GASTON.

Eh bien! oui... car en me retrouvant ici... près de toi... dans ce boudoir...

ARMANDE, froidement.

Et avouez, monsieur le comte, que je fis bien d'agir ainsi... abuser de votre folie, c'eût été une faute, un crime même. (Se levant *.) Trois mois après, vous étiez l'époux d'une femme charmante... qui vous aime... qui vous adore.

GASTON.

Oh!

ARMANDE.

Je le sais... car, si vous aviez des journaux qui vous parlaient de mes succès, moi, j'avais des amis qui me parlaient de votre bonheur...

* A. G.

GASTON, se levant.

Ah! oui... Gernouillet, mon oncle, mon vaurien d'oncle, comme on l'appelle dans la famille... Vous le voyez donc toujours?

ARMANDE.

Quelquefois... chez Lili...

GASTON.

Lili?

ARMANDE.

Vous ne connaissez pas... ce n'était pas de votre temps... une petite danseuse...

GASTON.

Ce pauvre Gernouillet!.. on voulait le faire interdire... sous prétexte qu'il ne peut pas se résoudre à vieillir... mais je m'y suis opposé... Je suis son seul héritier... je n'attends pas après sa fortune... qu'il la mange comme il lui plaira!..

ARMANDE.

Lili s'en charge.

GASTON.

Ah! mademoiselle Lili?

ARMANDE.

Une petite fille qui se chaufferait avec du bois de rose si on la laissait faire. (Regardant au fond dans la glace.) Mais, tenez... nous parlons de Gernouillet. . je l'aperçois dans ce salon...

GASTON.

Ah! diable!.. Il est inutile qu'il me voie.

ARMANDE, le faisant passer devant elle.

Passez par mon boudoir... Le petit escalier *...

GASTON.

A droite... Je le connais... Au revoir, et à bientôt.

ARMANDE.

Au revoir, monsieur le comte. (Gaston sort par la gauche, premier plan.)

SCÈNE IV.

ARMANDE, JOSÉPHINE, puis GERNOUILLET.

ARMANDE.

Encore un feu mal éteint, et dont il ne faudrait pas remuer les cendres longtemps!.. (Regardant la pendule.) Une heure et un quart!.. Déjà!.. (Elle fait résonner un timbre placé sur la cheminée. — Joséphine paraît**.)

JOSÉPHINE.

Madame a sonné?..

ARMANDE.

Un châle... un chapeau.

* G. A.
** J. A.

JOSÉPHINE.

Madame sort?..

ARMANDE.

Sans doute... je ne veux pas rester devant tout ce monde...

JOSÉPHINE.

Ça se fait... l'écuyère de l'Hippodrome, dont je parlais ce matin à Madame, assistait toujours à ses ventes...

ARMANDE.

C'est possible... Moi, je vais passer le reste de la journée chez Florentine. (Joséphine entre à gauche, premier plan. — Gernouillet entre par le fond, à droite, un calepin à la main *.)

GERNOUILLET.

Chez Florentine!.. Vous nous quittez... toute belle?

ARMANDE.

Ah! (Lui tendant la main.) Bonjour, Gernouillet.

GERNOUILLET.

Bonjour, chère petite... Comment, vous désertez le champ de bataille?.. (Joséphine rentre apportant le châle, le chapeau, et sort **.)

ARMANDE.

Il le faut.

GERNOUILLET.

Heureusement que nous serons là .. Moi, d'abord, je suis accablé de commissions... « Mon petit Gernouillet, tu m'achèteras quelque chose .. Mon petit Gernouillet, je veux une armoire à glace... Mon petit Gernouillet, je suis folle de cette étagère... Mon petit Gernouillet, tu pousseras ce lustre jusqu'à mille francs. » Et toujours le même refrain... « Tu payeras pour moi, je te rendrai ça. » Elles ne rendent pas, mais ça m'est égal... Je ne sais rien refuser aux femmes quand elles me tutoient.

Air : *Ah! si Madame me voyait.*

Je ne saurais y résister
Quand une femme me tutoie.
Le damas, le velours, la soie,
Je livre tout pour la tenter,
Comme un torrent, rien ne peut m'arrêter.
Et si, bonheur, délire extrême,
Dans un accent particulier,
Elle disait : Arthur, je t'aime!
J'achèterais le monde entier.
Je lui pairais le monde entier.

ARMANDE.

Vous êtes si bon!..

GERNOUILLET.

La bonté ne suffit pas, faut encore du papier Joseph. Tant qu'il y en a, je dis Ça va... quand il y en aura plus, je dirai : Ça ne va plus...

* A. G.
** J. A. G.

ARMANDE.

Je pense bien que vous n'oublierez pas Lili?..

GERNOUILLET.

Lili!.. j'ai son affaire... J'ai vu dans le salon une potiche...

ARMANDE, riant.

Une potiche!..

GERNOUILLET.

Je lui en ai déjà donné une semblable... Ça lui fera la paire... Elle sera contente, cette petite.

JOSÉPHINE, reparaissant *.

Madame, le commissaire-priseur vient d'arriver.

ARMANDE.

Je me sauve... Mon bon Gernouillet, je me recommande à vous...

GERNOUILLET.

Ne craignez rien, mignonne... ne craignez rien... Le papier Joseph va la danser...

Air *de Manon Lescaut* (Les Dames de Versailles).

ARMANDE.

Excusez mon absence,
Enchérissez toujours :
Dans cette circonstance,
J'ai besoin de secours.

ENSEMBLE.

Excusez mon absence, etc.

GERNOUILLET.

Il faudra qu'on finance,
J'enchérirai toujours :
Dans cette circonstance,
Comptez sur mon secours.

JOSÉPHINE.

Pour seconder la chance,
Enchérissez toujours :
Dans cette circonstance,
Il nous faut du secours.

(Joséphine et Armande sortent par le fond.)

SCÈNE V.

GERNOUILLET, puis MATHILDE et SAINT-AUBIN.

GERNOUILLET.

Je ne sais pas si vous êtes comme moi... j'adore faire des cadeaux aux femmes... Je n'ai jamais été précisément joli... J'ai eu, comme tout le monde, mes petits avantages... un minois chiffonné... un petit nez retroussé... un timbre assez agréable...

* J. A. G.

Mais je n'ai pas tardé à reconnaître que ces avantages... ces dons du ciel, si j'ose m'exprimer ainsi, ne suffisaient pas toujours pour me faire ouvrir la porte des boudoirs... alors, je me suis lancé dans les bibelots... c'est cher, mais c'est gentil... « Oh ! que tu es aimable, mon bon petit oncle!.. » (Par réflexion.) Ah! il faut... vous dire que pour ne pas compromettre les femmes... qui veulent bien m'honorer de leur confiance... je me fais appeler « mon oncle... » J'ai pas mal de nièces sur le pavé de Paris... sans compter ma véritable... la femme de ce bon Gaston de Rouvré!.. Voilà un neveu modèle!.. Sans lui, on me coupait les vivres... Zut!.. Interdit... il faudra que j'achète quelque chose à sa femme... cette chère Mathilde... Voyons donc... voyons donc... (Il se met à examiner à droite les différents objets placés au fond. — Mathilde entre par la gauche, au fond, en examinant les tentures et autres objets. — Saint-Aubin la suit, le lorgnon à l'œil, et papillonnant autour d'elle. — La toilette de Mathilde est une véritable toilette tapageuse *.)

MATHILDE.

Cet ameublement est superbe... et d'un goût...

SAINT-AUBIN, à Mathilde.

Madame voudrait-elle consulter le catalogue?

MATHILDE, s'éloignant.

Je vous remercie, Monsieur... j'en ai un... (Elle tourne le dos à Gernouillet.)

SAINT-AUBIN, à part.

Ça ne prend pas ! (Il remonte.)

GERNOUILLET, apercevant Saint-Aubin, à demi voix.

Tiens!.. Saint-Aubin...

SAINT-AUBIN.

Bonjour, cher... (A demi voix en désignant Mathilde.) Dites donc... la connaissez-vous?

GERNOUILLET.

Qui ça?.. cette toilette tapageuse?.. Je dois la connaître.

SAINT-AUBIN.

Ravissante... mon cher... ravissante !..

GERNOUILLET.

Voyons ça... (Il s'approche, en tournant derrière Mathilde, qui regardait à gauche en ce moment.) Tiens, Mathilde ** !

MATHILDE.

Mon oncle !..

SAINT-AUBIN, à part.

Oh! son oncle!.. Je sais ce que ça veut dire!..

GERNOUILLET.

Ah çà! ma nièce, que diable viens-tu faire ici ?..

MATHILDE.

Dame! mon oncle... Je viens voir la vente... Tout Paris en

* M. St.-A. G.
** G. M. St.-A.

parle... Mais savez-vous que c'est superbe!.. (Remontant.) Ce mobilier a dû coûter bien de l'argent *.

SAINT-AUBIN, s'approchant.

Ce bon Gernouillet en sait quelque chose.

GERNOUILLET, à part.

Est-il bête!.. Est-il bête!.. (A Saint-Aubin.) Devant ma nièce **.

SAINT-AUBIN, s'éloignant un peu, en riant, à part.

Oh! sa nièce!.. comme les autres!..

GERNOUILLET

Ah çà!... tu es venue seule...

MATHILDE.

Oui... oui... mais j'ai déjà rencontré plusieurs dames de ma connaissance...: dans le grand salon... la marquise de Chavoux... madame de Biancourt!..

GERNOUILLET.

Tiens!.. c'est singulier... moi, je n'ai encore vu personne...

SAINT-AUBIN, à mi-voix à Gernouillet.

Pas même Lili?..

GERNOUILLET, bas à Saint-Aubin.

Taisez-vous donc...

SAINT-AUBIN, de même.

Elle est dans le salon vert...

GERNOUILLET, à part.

Est-il bête!.. (A Saint-Aubin.) Devant ma nièce!..

SAINT-AUBIN, bas à Gernouillet.

Celle-ci est donc jalouse?.. (S'éloignant, à part.) Pauvre Gernouillet... Il est vexé!.. (Il sort en riant par la porte, à gauche.)

GERNOUILLET, à part ***.

Quel animal que cet être-là!.. (S'approchant de Mathilde, qui examine les objets placés sur la cheminée.) Qu'est-ce que tu regardes?...

MATHILDE.

J'admire cette garniture de cheminée.

GERNOUILLET.

Veux-tu que je te l'achète?..

MATHILDE.

Non, mon bon oncle, je ne veux point vous ruiner... Avouez que c'est très-curieux, un mobilier d'actrice?.. Ces femmes-là ont un goût... une élégance!.. Tenez, avez-vous remarqué, dans le grand salon, une étagère sur laquelle se trouve..

GERNOUILLET.

Une potiche!.. Veux-tu que je te l'achète?..

MATHILDE.

Non, mon oncle... Eh! bien!.. il y a au-dessous de la poti-

* G. St.-A. M.
** St.-A. G. M.
*** G. M.

che... un petit coffret d'un travail merveilleux... Je suis sûre qu'on ne trouverait pas son pareil.

GERNOUILLET.

Il vient de chez Monbro... veux-tu que je te l'achète?

MATHILDE.

Encore!.. ah! cette fois-ci, prenez garde... ce coffret me plaît beaucoup... et je suis capable de vous prendre au mot.

GERNOUILLET.

C'est convenu... tu l'auras.

MATHILDE.

Vraiment?

GERNOUILLET.

J'adore faire des cadeaux aux femmes... (Se reprenant.) A mes nièces... quel numéro du catalogue?..

MATHILDE.

Vingt et un... venez, mon oncle... Je vais vous le faire voir... Il est ravissant!..

GERNOUILLET, marquant sur son catalogue.

Attends... que je le pointe... Nous disons numéro vingt et un... (Lisant.) « Un coffret... de Venise... à double compartiment... »

MATHILDE.

C'est ça... un véritable chef-d'œuvre...

GERNOUILLET, sortant avec Mathilde par la droite au fond.

J'adore faire des cadeaux... (Ils disparaissent. — Joséphine est entrée avec Lili par le fond, à gauche.)

SCÈNE VI.

JOSÉPHINE, LILI, puis ARMANDE *.

LILI.

Ah!.. je crois que ça va joliment marcher!.. il y a un monde!..

JOSÉPHINE.

Oui, oui... v'là qu'on est en train... dites donc!... on a commencé par la faïence... Sont-ils bêtes, ces hommes!.. ils se disputent des assiettes, sous prétexte que madame a mangé dedans.

LILI.

Préviens donc Armande... c'est commencé...

JOSÉPHINE.

Je sais bien, mam'zelle... mais madame n'est pas là...

LILI.

Où est-elle donc?

JOSÉPHINE.

Elle n'a pas voulu assister à sa vente... elle est allée passer la journée avec mademoiselle Florentine...

* J. L.

LILI.

Tiens!.. cette idée!.. (Jetant un regard par la porte de droite.) Ah! mon Dieu *!..

JOSÉPHINE.

Quoi donc?.. ils ont cassé quelque chose?..

LILI.

Non... mais vois, là-bas... devant l'étagère... c'est Gernouillet...

JOSÉPHINE.

Ah! oui... il fait comme ça... (Elle imite les gestes de Gernouillet.)

LILI.

Il regarde ma potiche... s'il allait la reconnaître!.. Ah! bah!.. Il est myope... (Voyant Armande qui entre par la droite.) Tiens!.. te revoilà!..

ARMANDE.

Oui... Florentine n'était pas chez elle.

JOSÉPHINE.

Ça marche, Madame... ça marche **...

ARMANDE.

Allons!.. Je resterai ici... dans ce petit salon... avec mon châle, mon chapeau... J'aurai l'air d'une étrangère et personne ne se doutera...

JOSÉPHINE.

Moi... je vais voir la vente... je vas pousser... (Elle sort par le fond.)

LILI.

Dis donc, Gernouillet qui est là ***...

ARMANDE.

Je sais bien... je l'ai vu au moment où je sortais...

SCÈNE VII.

LILI, ARMANDE, GERNOUILLET.

GERNOUILLET, entrant par le fond, à droite, avec la potiche sur les bras.

C'est bien bizarre... c'est bien bizarre!..

LILI, à part.

Cristi!.. ma potiche ****...

GERNOUILLET.

Je viens de me faire adjuger cette potiche... (Voyant Lili.) Tiens, tu es là, mon joli trognon!.. je te l'offre. (Il la lui donne.)

LILI.

Vraiment!.. Oh! mon petit Cromwell, vous êtes trop aimable.

* L. J.
** L. A. J.
*** L. J.
**** L. G. A.

GERNOUILLET, à part.

Pourquoi donc m'appelle-t-elle Cromwell?.. (Haut.) Mais c'est bien bizarre... c'est bien bizarre... (A Armande.) Figurez-vous que cette potiche ressemble, comme deux gouttes d'eau, à une autre potiche que je lui ai donnée, il y a quelques jours.

ARMANDE.

Oh! toutes les potiches... se ressemblent.

GERNOUILLET.

Elle est fêlée au même endroit... tout en haut... (Il prend la potiche.)

LILI.

Oh! toutes les potiches... les vraies potiches sont fêlées en haut... D'ailleurs, vous vous trompez, mon bon petit Cromwell...

GERNOUILLET, à part.

Toujours Cromwell.

LILI, reprenant la potiche.

Celle-là est beaucoup plus belle... plus riche... (La montrant à Armande.) N'est-ce pas? (Elle pose la potiche sur la table *.)

GERNOUILLET.

C'est bien possible... Elle coûte plus cher...

ARMANDE.

Ah!.. vraiment?

GERNOUILLET.

L'autre ne m'avait coûté que deux cent quarante francs... Celle-ci m'en a coûté trois cent vingt...

LILI, à part.

Oh! trois cent vingt... que ça!.. (A Gernouillet, avec câlinerie.) Oh! mon petit nononcle, si vous vouliez faire bien plaisir à votre Lili... à cette bonne petite nièce qui vous aime tant... vous lui achèteriez la pareille...

GERNOUILLET.

La pareille!.. puisqu'il n'y en a qu'une.

LILI.

Allons donc!.. j'ai vu l'autre quelque part... (A Armande.) Dans le salon vert, je crois...

ARMANDE, étonnée.

Comment! dans le...

LILI, à Armande.

Tais-toi donc...

GERNOUILLET.

Eh bien! quand on vendra dans le salon vert... j'irai... Mais sapristi!.. je cause **... et j'ai des commissions...

LILI, d'un ton suppliant.

Oh! mon autre potiche... n'est-ce pas?

* G. L. A.
** L. G. A.

GERNOUILLET, s'en allant par la droite.

Nous disons dans le salon vert... (Il sort en pointant sur son carnet.)

LILI, prenant la potiche *.

Oui, elle est dans le salon vert... C'est-à-dire qu'elle y sera, quand je l'y aurai portée.

ARMANDE.

Tu vas encore la remettre en vente ?..

LILI.

Parfaitement.

ARMANDE.

Mais comment feras-tu chez toi, quand il voudra les voir...

LILI.

Ah bah !.. il est si myope... D'ailleurs, je dirai qu'en les montant le commissionnaire a fait un faux pas dans l'escalier, et que patatras !.. (Elles s'asseyent toutes deux, l'une à droite, l'autre à gauche en riant.)

SCÈNE VIII.

LILI, ARMANDE, SAINT-AUBIN.

SAINT-AUBIN, entrant par le fond à droite, à part.

Diable de Gernouillet!.. (Les apercevant.) Tiens !..

LILI, se levant **.

Saint-Aubin !

ARMANDE, se levant.

C'est gentil à vous d'être venu... Achetez-vous quelque chose ?

SAINT-AUBIN.

Oh ! certainement... certainement... plus tard... En ce moment, il n'y en a que pour Gernouillet... Il dévalise vos salons...

LILI.

En vérité ?..

SAINT-AUBIN.

C'est sans doute pour offrir à sa nièce...

LILI.

Qui ça, sa nièce?

SAINT-AUBIN.

Eh bien !.. cette charmante femme avec laquelle je l'ai surpris tout à l'heure ici... et qui l'appelle son oncle...

LILI.

Une femme qui l'appelle son oncle? il n'y a que moi qui ait ce droit-là... Ah! sapristi... nous allons rire ***...

* A. L.
** A. St.-A. L.
*** A. L. St.-A.

ARMANDE.

Eh bien!.. qu'est-ce que tu vas faire?..

LILI.

Je passe dans le salon vert déposer ma potiche. . et je cours faire une scène à Cromwell.

SAINT-AUBIN, à part.

Très-bien!.. pendant ce temps, je m'empare de la nièce...

LILI.

Une autre femme!.. il n'a qu'à bien se tenir!..

SAINT-AUBIN, à part.

Bravo! j'ai réussi! (Haut, la suivant.) Lili! mais écoutez donc, Lili... (Lili et Saint-Aubin sortent par le fond, à gauche.)

SCÈNE IX.

ARMANDE, puis MATHILDE.

ARMANDE.

Cette Lili m'amuse, avec sa potiche... Et ce pauvre Gernouillet, qui ne s'aperçoit de rien!

MATHILDE, entrant par le fond, à droite; à elle-même *.

Quel bruit, quel poussière dans ce salon!.. (Elles s'aperçoivent et se saluent.)

ARMANDE, à part, l'observant.

Quelle toilette!.. (Elle s'assied à droite.)

MATHILDE, s'asseyant à gauche, à part.

Cette dame est fort bien... un air de distinction...

ARMANDE, à part.

Je crois l'avoir vue sur un théâtre du boulevard...

MATHILDE, à part.

Il me semble l'avoir remarquée au dernier bal de l'ambassade. (Moment de silence. — Elles s'observent. — Haut.) Savez-vous, Madame, si l'on vendra aujourd'hui les meubles de ce salon?

ARMANDE.

Je ne pense pas, Madame... La vente doit durer plusieurs jours...

MATHILDE, après un silence.

Madame connaît-elle cette demoiselle Armande, dont on vend aujourd'hui les meubles?..

ARMANDE, à part.

Mais elle m'embarrasse...

MATHILDE.

On la dit fort jolie...

ARMANDE.

Ah!.. Madame ne l'a jamais vu jouer?..

MATHILDE.

Je suis presque toujours absente de Paris... Je ne vais que

* M. A.

rarement au spectacle... Mais son ameublement est d'un goût, d'une élégance... ne trouvez-vous pas?

ARMANDE.

Je n'ai fait que jeter un coup d'œil.

MATHILDE.

Vraiment!.. Eh bien, moi, j'ai été plus curieuse que vous... j'ai tout vu, tout examiné... Il y a très-longtemps que je me promettais de venir visiter l'appartement d'une actrice. On entend si souvent parler du luxe de ces dames, de leurs prodigalités, que ça donne envie de connaître leur intérieur... Ah! dame!.. ce sont les reines du jour...

ARMANDE.

Oh! les reines!..

MATHILDE.

Mais, certainement... Elles créent les modes... Elles donnent le ton... Nous ne faisons que les suivre, les imiter... (Elles se lèvent.) Tenez, l'autre jour, j'étais au Gymnase... on y jouait le Demi-Monde. Il y avait dans cette pièce une petite femme qui portait la plus délicieuse toilette qu'on pût voir... J'en étais folle... et je n'ai pas eu de repos que je n'aie su quelle était sa couturière. Je me suis fait faire une toilette absolument semblable... Eh bien! malgré cela, ce n'était pas la même chose... Non! je n'avais pas ce je ne sais quoi qui distingue ces femmes-là... Mon mari me le disait...

ARMANDE, étonnée.

Ah! Madame est mariée?

MATHILDE.

Madame aussi, sans doute...

ARMANDE, embarrassée.

Oui... oui...

MATHILDE.

Et je comprends jusqu'à un certain point les passions qu'elles inspirent... Elles ont tout pour elles... le luxe, l'éclat, le talent, la beauté...

ARMANDE.

Oh! quelquefois...

MATHILDE.

En général... un cœur excellent.

ARMANDE.

Quand elles en ont.

MATHILDE, souriant.

Tenez, Madame, je vois que vous ne les aimez pas... Vous avez eu peut-être à vous en plaindre...

ARMANDE.

Moi, Madame?.. (A part.) Elle me gène beaucoup.

MATHILDE.

Elles ont si vite fait de détruire le bonheur d'un ménage!..

ARMANDE.

Oh! ne croyez pas...

MATHILDE.

Ce qu'il y a de bizarre, c'est que messieurs nos maris font souvent pour elles des sacrifices qu'ils ne feraient pas pour nous... pour nous, leurs femmes légitimes... Aussi, moi... depuis trois ans que je suis mariée...

ARMANDE, à part.

Trois ans!..

MATHILDE.

J'ai eu pour principe de ne jamais laisser mon mari plus d'un mois à Paris... et nous voyageons toujours... En ce moment même, nous revenons d'Italie...

ARMANDE, à part.

D'Italie?.. Ah! mon Dieu!.. (Haut.) Madame est comtesse?...

MATHILDE.

Oui, Madame... Comment le savez-vous?

ARMANDE, embarrassée.

Mais... (Haut.) Je crois avoir entendu nommer Madame dernièrement...

MATHILDE.

Au bal de l'Ambassade... n'est-ce pas?.. Il me semblait aussi vous y avoir remarquée... Eh bien! Madame, si j'ai un conseil à vous donner, suivez mon système... il est excellent... Depuis que je suis mariée, je suis la plus heureuse des femmes... jamais le plus léger nuage... mon mari est toujours là... près de moi... (Apercevant Gaston qui entre par le fond.) Et... tenez... que vous disais-je?..

SCÈNE X.

LES MÊMES, GASTON *.

GASTON, entrant par le fond, à droite.

Quoi, Mathilde!.. vous ici?..

MATHILDE.

Oui, mon ami... Je causais avec Madame **...

GASTON, à part.

Armande!..

MATHILDE, présentant Gaston à Armande.

Monsieur le comte de Rouvré... mon mari... Nous parlions de vous... de notre bonheur...

ARMANDE, les saluant.

Monsieur le comte... madame la comtesse...

MATHILDE.

Vous vous retirez déjà?

ARMANDE.

Je vais faire un tour dans les salons.

* M. G. A.
** G. M. A.

MATHILDE.

Nous vous accompagnons... (Elle fait un pas.)

GASTON, la retenant.

Pardon... (A Armande.) J'aurais quelques mots à dire à Madame... (Saluant Armande.) Madame...

SCÈNE XI.

GASTON, MATHILDE*.

GASTON.

Comment se fait-il, Mathilde, que je vous trouve ici?..

MATHILDE.

Qu'y a-t-il d'étonnant?.. cette vente est magnifique... et je suis venue la voir... j'ai fait comme tout le monde... comme vous...

GASTON.

Moi... c'est différent...

MATHILDE.

D'ailleurs, je ne suis pas seule... votre oncle est dans les salons...

GASTON.

Gernouillet... oui... je sais... je l'ai vu... c'est lui qui m'a appris votre présence... mais il n'est pas convenable que vous restiez plus longtemps...

MATHILDE.

Pourquoi donc?.. la société est charmante. Cette jeune dame, avec laquelle je causais tout à l'heure...

GASTON.

Vous la connaissez?..

MATHILDE.

Non... mais elle est excessivement distinguée.

GA TON.

Je ne dis pas... mais...

MATHILDE.

Et puis, je ne m'en vais pas sans que vous m'ayez acheté quelque chose.

GASTON.

Y pensez-vous?..

MATHILDE.

Pourquoi non?

GASTON.

De pareils meubles chez vous!

MATHILDE.

Ils sont fort beaux...

GASTON.

C'est possible... mais votre salon n'est pas le boudoir d'une actrice.

* G. M.

MATHILDE.

Gernouillet m'a promis un délicieux coffret, il faut à votre tour que vous soyez galant... Tenez... regardez par ici!.. comment trouvez-vous ce petit lustre à fleurs?.. (Elle désigne la gauche.)

GASTON, lorgnant.

En porcelaine vieux Sèvres... (Regardant.) Charmant... délicieux...

MATHILDE.

N'est-ce pas?.. Eh bien!.. passez-m'en la fantaisie...

GASTON.

Y penses-tu?..

MATHILDE.

Je vous en prie!..

GASTON.

Allons!.. puisque tu le veux absolument... soit... je te le promets... mais tu vas rentrer... je te l'enverrai...

MATHILDE.

Du tout... je ne vous quitte pas...

SCÈNE XII.

LES MÊMES, GERNOUILLET *.

GERNOUILLET, entrant par le fond, un coffret à la main.

Victoire!.. victoire!.. le coffret est à moi.

MATHILDE.

Oh! que vous êtes aimable!.. Vois donc, Gaston...

GASTON.

Oui, oui... Je l'ai vu tout à l'heure, sur l'étagère.. (A part.) Je le connais!..

GERNOUILLET.

Il m'a coûté cher, par exemple... trente-cinq louis!

GASTON, à part.

Vingt de plus qu'à moi...

GERNOUILLET.

Figurez-vous que nous étions quatre à nous le disputer... le petit vicomte... le marquis... et un jeune adolescent... un bébé que je ne connais pas... Je poussais avec acharnement, le papier Joseph commençait à se développer... quand chacun d'eux me prend à part... et me demande de me désister, sous prétexte que c'est lui qui a donné, jadis, ce coffret à Armande.

GASTON, riant.

En vérité?..

GERNOUILLET.

La drôlesse aura trouvé moyen de se le faire payer trois fois.

GASTON.

Peut-être quatre...

* Gas. Ger. M.

GERNOUILLET.

Je refuse... Eh bien! vingt louis, s'écrie le petit vicomte... Vingt-cinq, reprend l'adolescent... Trente-cinq, repartis-je... Le bébé était distancé... Il me regarde avec stupéfaction... Adjugé... l'affaire était dans le sac... (Il lui donne le coffret.)

MATHILDE.

Merci, mon bon oncle... Oh! il est délicieux!.. (A Gaston.) Mais va donc, mon ami... on n'aurait qu'à vendre le lustre*...

GASTON.

C'est bien!.. c'est bien!.. j'y cours... (Il sort à gauche. Mathilde le suit.)

GERNOUILLET.

Et moi, je retourne à la vente.

SAINT-AUBIN, entrant par la droite.

Tiens!.. vous êtes seul?..

GERNOUILLET.

Pardon, mon cher**... je n'ai pas le temps de vous écouter... j'ai une foule d'emplettes à faire. (Il sort par la droite.)

SCÈNE XIII.

MATHILDE, puis SAINT-AUBIN et LILI.

MATHILDE, rentrant.

Ce bon Gaston... quel excellent cœur!.. Il fait toutes mes volontés.

SAINT-AUBIN, apercevant Mathilde.

Seule enfin!.. Ah! Madame!

MATHILDE, à part, voyant Saint-Aubin.

Encore ce jeune homme!..

SAINT-AUBIN, se rapprochant de Mathilde et apercevant le coffret qu'elle tient dans ses mains.

Vous avez là un coffret d'un travail exquis!.. (Passant derrière elle***.) Ce Gernouillet fait les choses avec un goût, une délicatesse...

MATHILDE, à part.

Ah! il est insupportable!

SAINT-AUBIN.

Voulez-vous me permettre de l'admirer à mon tour?

MATHILDE, très-contrariée.

Comment!.. Mon Dieu, Monsieur, le voilà. (Elle lui met brusquement le coffret dans les mains et s'assied à droite.)

SAINT-AUBIN, ouvrant le coffret.

Ah! il est charmant!.. Je me rappelle en avoir offert un semblable... On appuie sur le bouton du milieu...

* Gas. M. Ger.
** St.-A. G.
*** St.-A. M.

LILI, entrant par la droite.

Ah! ah! ah!

SAINT-AUBIN, à part.

Lili! quelle contrariété *!..

LILI, riant.

Ah! mon petit Saint-Aubin, que je suis heureuse!.. concevez-vous?.. quatre-vingt cinq francs ma chauffeuse!.. Une mauvaise chaise que j'avais achetée trente francs à l'hôtel Bullion. . (Mathilde se lève et remonte lentement.) et dont tous les ressorts étaient cassés... Ah! mes bibelots se vendent joliment bien!..

SAINT-AUBIN.

Comment, vos bibelots...

LILI.

On se les arrache... Ah! c'est que je ne vous ai pas dit... (Elle continue à parler bas à Saint-Aubin.)

MATHILDE, à part, regardant Lili.

Comment! c'est donc là cette demoiselle Armande... dont on vante partout la beauté, l'élégance. (Elle passe à gauche, au fond.)

LILI, passant à droite.

Oui, mon cher, voilà comme ça se joue... Ah! à propos... savez-vous où est Cromwell?

SAINT-AUBIN, passant à droite **.

Gernouillet... Chut!..

MATHILDE, à part.

Les hommes ont parfois de singuliers goûts!

SAINT-AUBIN, désignant Mathilde.

Une de ses nièces...

LILI.

Ah! c'est là cette péronnelle dont vous me parliez tout à l'heure...

SAINT-AUBIN.

Allez le rejoindre ***... Il est en train, je crois, de lui acheter un meuble en palissandre.

LILI.

Du palissandre... à elle!.. quand il ne m'a offert que de l'acajou!.. (Haut.) Ah! nous allons voir...

MATHILDE, qui s'est tenue à l'écart, près de la cheminée.

Quel ton!.. quelles manières! (Elle passe à droite ****.)

LILI.

Du palissandre!.. Eh ben, merci!.. On lui en donnera, du palissandre!.. (Elle sort à gauche, au fond.)

* St-A. L. M.
** M. St-A. L.
*** M. L. St-A.
**** L. M. St-A

SCÈNE XIV.

SAINT-AUBIN, MATHILDE.

SAINT-AUBIN, ouvrant le coffret*.

Voici, Madame, votre coffret... Comme j'avais l'honneur de vous le dire... On appuie sur le bouton du milieu... (Il appuie et ouvre le deuxième compartiment. Trouvant un papier dans le coffret.) Tiens!.. qu'est-ce que c'est que ça?..

MATHILDE.

Quoi donc, Monsieur?..

SAINT-AUBIN, riant.

Ah! c'est délicieux!.. Une déclaration égarée dans ce coffret...

MATHILDE.

Que m'importe!.. (Elle remonte.)

SAINT-AUBIN, la suivant.

Armande qui vend sa correspondance amoureuse avec son mobilier... Ah bien! la vente sera longue. (Il redescend.)

MATHILDE.

Et Gaston qui ne revient pas!

SAINT-AUBIN, lisant.

« Mon Armande adorée... Signé : GASTON DE ROUVRÉ. »

MATHILDE.

Gaston de Rouvré... vous avez dit... (Prenant le billet.) Donnez-moi ce billet, Monsieur.

SAINT-AUBIN.

Le voilà, Madame.

MATHILDE, à part.

Gaston!.. Et cette femme aurait été... Oh!.. (Elle s'appuie sur le fauteuil de gauche.)

SAINT-AUBIN, à part.

Tiens, tiens, tiens... Il paraît que ce M. Gaston l'intéresse... quelque Arthur infidèle... (Haut.) Calmez-vous, Madame...

MATHILDE, avec impatience.

Laissez-moi, Monsieur... laissez-moi, je vous prie... (Elle s'assied à droite **.)

SAINT-AUBIN, à part.

Eh! eh!.. la petite nièce n'est pas commode... (Il sort au fond, à gauche, en riant.)

SCÈNE XV.

MATHILDE, puis ARMANDE.

MATHILDE.

Trompée!.. trahie par lui!.. Oh! (Se levant.) Je comprends sa

* M. St-A.
** St-A. M.

présence ici... il a été l'amant de cette femme... Il l'est encore, peut-être... « Dis un mot, et dussé-je rompre avec ma famille entière, je renonce à ce mariage odieux... » Et ce mariage c'était le mien... c'était le nôtre... (Apercevant Armande qui entre par le fond et courant à elle *.) Ah! Madame... mon mari est là dans les salons... qu'il vienne... je vous en prie...

ARMANDE.

Qu'y a-t-il donc, Madame?.. Vous êtes indisposée... souffrante?..

MATHILDE.

Oh! oui... je suis bien malheureuse!..

ARMANDE.

Des larmes... du désespoir!..

MATHILDE

Gaston me trompe!.. il ne m'aime pas!.. il ne m'a jamais aimée!

ARMANDE.

Oh!..

MATHILDE.

Cette lettre trouvée dans ce coffret m'a tout appris!..

ARMANDE.

Grand Dieu!..

MATHILDE.

Oh! cette femme!.. cette Armande... je la hais... je la méprise ..Vous aviez raison, Madame : ces femmes-là n'ont pas de cœur... (Elle s'assied à droite.)

ARMANDE.

Calmez-vous, de grâce... M. le comte n'est peut-être pas aussi coupable que vous le supposez...

MATHILDE.

Et si vous saviez quelle est cette créature pour laquelle il me trompe...

ARMANDE.

Vous la connaissez?

MATHILDE.

Une femme sans esprit... sans beauté... Elle était là tout à l'heure... se félicitant de la manière dont se vendaient ses *bibelots,* pour me servir de ses expressions.

ARMANDE, à part.

Je devine... c'était Lili...

MATHILDE.

Pourquoi suis-je venue dans cette fatale maison!..

ARMANDE.

Vous avez eu tort, sans doute... cette curiosité qui vous a poussée à venir visiter cet appartement est une faute... un malheur, mais un malheur moins grave que vous ne le pensez, peut-être...

* A. M.

MATHILDE.

Vous croyez?.. Oh! consolez-moi, Madame... je suis si malheureuse!.. Oh! dites-moi qu'il ne l'aime pas... (Elle lui prend la main, et l'attire près d'elle.)

ARMANDE, s'asseyant à côté de Mathilde.

L'a-t-il jamais aimée .. et, dans tous les cas, l'aime-t-il encore? Il a été jeune... Il a pu, dans un moment d'égarement... de folie... mais il ne vous connaissait pas alors... (Regardant la lettre.) Tenez... voulez-vous que sur cette simple lettre je vous raconte l'histoire de cet amour... que je la devine, du moins... Il y a quatre ans, cinq ans, peut-être... avant votre mariage enfin... cette demoiselle Armande était sans doute ce qu'elle est encore aujourd'hui... la femme à la mode... l'actrice en renom... M. le comte l'a vue... l'a aimée... Je le veux bien... Il a mis à ses pieds sa fortune... son avenir... (Lisant.) « Dis un mot, » lui a-t-il écrit, « et dussé-je rompre avec ma famille entière!.. » Était-ce sa faute?.. a-t-elle été bien coupable?..

Air : *Loin de ma mère...* (P. Henrion.)

Si cette femme, en lisant cette lettre,
Avait voulu vous ravir à l'instant
Tout le bonheur que semblait vous promettre
Votre union... elle l'eût fait, pourtant.
Qui l'arrêta? Nul ne sait; cependant,
En un instant, un seul, par cette femme
Votre avenir pouvait être détruit.
Que fallait-il? relisez cet écrit.
Rien qu'un seul mot, vous le voyez, Madame,
Eh bien! ce mot, elle ne l'a pas dit.

MATHILDE.

C'est vrai.

ARMANDE.

Et M. le comte est parti... il vous a épousée... et depuis trois ans, de votre aveu même, il vous a faite la plus heureuse des femmes...

MATHILDE.

Oui... mais aujourd'hui, ils se sont revus...

ARMANDE.

Et peut-être en se voyant tous deux ont-ils été bien étonnés du silence de leur cœur...

MATHILDE.

Oh! c'est impossible!..

ARMANDE.

On oublie vite, dans cette vie-là... surtout quand on est entouré d'hommages, comme cette demoiselle Armande... et quand on est heureux comme M. le comte... Croyez-moi, Madame, vous autres... (Se reprenant.) nous autres, femmes du monde, nous nous effrayons trop de ces amours faciles...

Leur souvenir s'éteint bien vite le jour où l'on sent dans sa main la main d'une honnête fille... Ces dames ont, comme on l'a dit, le dessus du panier de vos amours, mais, rassurez-vous, vous en avez encore le meilleur... Leur bonheur n'a pas de lendemain... le vôtre est de toute la vie...

MATHILDE.

Merci, Madame... Vous m'avez rendu le courage... Oh! j'en avais besoin... (Se levant *.) Mais je veux voir Gaston... lui parler...

ARMANDE, se levant.

Qu'allez-vous faire?.. (Voyant Gaston qui entre par le fond.) C'est lui!...

SCÈNE XVI.

LES MÊMES, GASTON**.

GASTON.

Ma chère Mathilde... le lustre est à toi...

MATHILDE.

Je vous remercie, monsieur le comte... mais je n'en veux pas...

GASTON.

Comment cela?

MATHILDE.

Ne m'avez-vous pas dit vous-même ce matin que le salon de la comtesse de Rouvray n'était pas le boudoir d'une actrice...

ARMANDE, bas à Gaston.

Emmenez votre femme, Gaston... Partez tout de suite... (Elle remonte.)

SCÈNE XVII.

LES MÊMES, LILI***.

LILI, au fond, à Armande.

Ah! c'est trop joli... Gernouillet qui vient de se faire réadjuger la potiche!..

MATHILDE, à part.

Cette femme!..

GASTON, offrant son bras à Mathilde.

Partons, chère Mathilde...

MATHILDE.

Un instant, monsieur le comte... Permettez-moi d'abord de faire accepter à Madame ce coffret. (Elle présente le coffret à Lili.)

LILI, à part.

Elle me l'offre... Tiens... elle est bonne fille...

* M. A.
** M. G. A.
*** L. M. G. (A., deuxième plan.)

MATHILDE, à Lili.

Je vous demanderai seulement la permission de conserver cette lettre, que vous y aviez oubliée... et que monsieur le comte tient à ravoir*.

ARMANDE, à part.

Que fait-elle?

LILI.

Moi... j'ai oublié... Mais non... c'est Armande.

MATHILDE.

Armande!

LILI.

Comment... tu vends ce coffret, et tu oublies...

ARMANDE, vivement.

Tais-toi...

MATHILDE, à demi voix. — Armande baisse les yeux.

Air précédent.

Armande!.. vous!.. Et c'est à vous, Madame,
Que je disais, le cœur tout en émoi,
Et les tourments, les secrets de mon âme...
Ah! vous avez surpris ma bonne foi.

ARMANDE.

Moins de courroux, Madame, excusez-moi :
Votre bonheur dépendait d'une femme.
Pour le détruire, hélas! dans son dépit,
Que fallait-il?.. Relisez cet écrit.
Un mot... un seul.., vous le savez, Madame?
Eh bien! ce mot, elle ne l'a pas dit.

GASTON.

Mais que veut dire... (Mathilde donne le billet à Gaston, qui la regarde avec inquiétude; elle remonte; Gaston, après avoir jeté un coup d'œil sur la lettre, remonte auprès de sa femme.)

GERNOUILLET, en dehors, furieux.

Cré nom de nom!.. je ne la trouve pas drôle!..

LILI.

Ce n'est pas moi qui ferais une pareille bêtise!.. oublier une lettre!...

SCÈNE XVIII.

LES MÊMES, GERNOUILLET, puis SAINT-AUBIN **.

GERNOUILLET, entre, la potiche sous le bras***.

On m'adjuge cette seconde potiche pour trois cent soixante-quinze francs... j'y fourre par hasard la main, et voilà ce que j'y trouve... (Lisant un papier.) « Viens ce soir, mon singe va à l'Opéra... »

* L. (A., deuxième plan.) M. G.
** L. A. Ger. M. Gas.
*** L. Ger. A. M. Gas.

LILI, à part.

Aïe!.. aïe!.. (Haut.) Eh bien! qu'est-ce que ça prouve?..

GERNOUILLET, parlé.

Minute, minute... (Lisant.) « Mais avant, assure-toi bien qu'il est dans sa stalle... numéro 17... à gauche... *signé* : Lili... »

LILI, à part.

Pincée!..

GERNOUILLET.

Mais la stalle 17, c'est la mienne... Mais alors le singe... c'est... Lili, tout est rompu... (Il laisse tomber la potiche, qui se brise.)

TOUS.

Oh!..

SAINT-AUBIN, entrant, un riche éventail à la main, à Mathilde.

Madame veut-elle me permettre de lui offrir*...

GASTON, prenant le bras de Mathilde, sérieusement.

Vous vous méprenez, Monsieur**... On n'offre point un éventail à madame la comtesse de Rouvré... ma femme...

LILI ET SAINT-AUBIN.

Sa femme***!..

GASTON.

Partons, Mathilde...

GERNOUILLET.

Tu t'en vas, ma nièce?..

MATHILDE.

Je vous fais mes adieux, mon oncle... demain, nous repartons pour l'Italie...

GERNOUILLET.

L'Italie?.. c'est une idée... j'irai vous rejoindre. (Mathilde et Gaston sortent.)

LILI, prenant l'éventail que tient Saint-Aubin.

Donnez... j'accepte...

JOSÉPHINE, entrant.

Madame, on va vendre dans la chambre à coucher. (Ils sont tous remontés, excepté Gernouillet.)

TOUS.

Ah! la chambre à coucher, allons-y!..

GERNOUILLET.

On m'a surtout recommandé un certain vase... etrusque!.. je crois qu'il y aura de la concurrence.

ENSEMBLE.

Air de *la Favorite.*

Vite, courons à la vente,
Et si quelque o[illegible]nte,

* L. Ger. A. St-A. M. Gas.
** L. A. Ger. St-A. Gas. M.
*** St-A. L. A. Ger. Gas. M.

Sans que le prix épouvante,
Achetons,
Enchérissons! } (*bis.*)

GERNOUILLET, au public.

Air : *Tendres échos errants dans ces vallons.*

Ces dames ont un tic particulier...
Est-ce un secret?.. pour ma part je l'ignore...
Vous les voyez vendre leur mobilier
Qu'elles achèt'nt et revendent encore.
D'où je conclus : qu'au lieu d'adorateurs,
Il leur faudrait des commissair's-priseurs;
Soyez, Messieurs, leurs commissair's-priseurs,
Adjugez-nous quelques bravos flatteurs.

TOUS.

Soyez, Messieurs, leurs commissair's etc.

FIN.

LAGNY. — Imprimerie de VIALAT.

www.ingramcontent.com/pod-product-compliance
Lightning Source LLC
LaVergne TN
LVHW050505160826
845677LV00003B/961